Votar es importante

¿Qué es votar?

Kristen Rajczak Nelson Traducido por Ana María García

NEW YORK

Published in 2019 by The Rosen Publishing Group, Inc.
29 East 21st Street, New York, NY 10010

Translator: Ana María García
Editorial Director, Spanish: Nathalie Beullens-Maoui
Editor, Spanish: María Cristina Brusca
Editor, English: Elizabeth Krajnik
Book Design: Rachel Rising

Photo Credits: Cover Hero Images/Hero Images/Getty Images; Cover (background), pp. 1, 3, 4, 6, 8, 10, 12, 14, 16, 18, 20, 22, 23, 24 (background) PepinoVerde/Shutterstock.com; p. 5 Africa Studio/Shutterstock.com; p. 7 Monkey Business Images/Shutterstock.com; p. 9 plherrera/iStockphoto.com; pp. 11, 21 The Washington Post/The Washington Post/Getty Images; p. 13 Joseph Sohm/Shutterstock.com; p. 15 Rob Crandall/Shutterstock.com; p. 17 PUNIT PARANJPE/AFP/Getty Images; p. 19 Hill Street Studios/Blend Images/Getty Images; p. 22 Daniel Hurst Photography/Photographer's Choice/Getty Images.

Cataloging-in-Publication Data

Names: Rajczak Nelson, Kristen.
Title: ¿Qué es votar? / Kristen Rajczak Nelson.
Description: New York : PowerKids Press, 2019. | Series: Votar es importante | Includes index.
Identifiers: LCCN ISBN 9781538333327 (pbk.) | ISBN 9781538333310 (library bound) | ISBN 9781538333334 (6 pack)
Subjects: LCSH: Voting--United States--Juvenile literature. | Elections--United States--Juvenile literature. | Political participation--United States--Juvenile literature.
Classification: LCC JK1978.R35 2019 | DDC 324.60973--dc23

Manufactured in the United States of America

CPSIA Compliance Information: Batch #CS18PK For further information contact Rosen Publishing, New York, New York at 1-800-237-9932.

Contenido

El derecho al voto

Uno de los **beneficios** de ser **ciudadano** de Estados Unidos es la promesa de ejercer ciertos derechos. La **Constitución** de Estados Unidos y sus **enmiendas** establecen estos derechos. Uno de los más importantes es el derecho al voto. Muchos estadounidenses ven esto como un deber **cívico** y se enorgullecen de él.

I VOTED
VOTE
VOTE

El momento de elegir

Cuando cada miembro de un grupo de personas elige algo, y se cuenta la elección de cada uno de ellos, se denomina *votar*. Puedes haber votado simplemente levantando la mano en clase para elegir qué película ver. Algunos programas de televisión permiten que sus seguidores llamen, envíen mensajes de texto o visiten un sitio de Internet para votar por los ganadores cada semana.

Es oficial

Cuando las personas hablan de votar, generalmente se refieren a elegir de manera **oficial** a un líder para el Gobierno. Cuando muchas personas votan al mismo tiempo, se habla de *elecciones*. Durante las elecciones, los electores o votantes, acuden a los lugares de votación, ubicados en escuelas, iglesias y estaciones de bomberos, donde las personas se reúnen para votar.

VOTE
HERE

Tipos de papeletas

En un lugar de votación, los electores utilizan una papeleta para hacer su elección. Las **papeletas** pueden ser de papel, y se cuentan a mano o las lee una máquina. En algunos estados, los electores utilizan computadoras para manifestar su voto: presionan un botón o tocan la pantalla para hacer su elección.

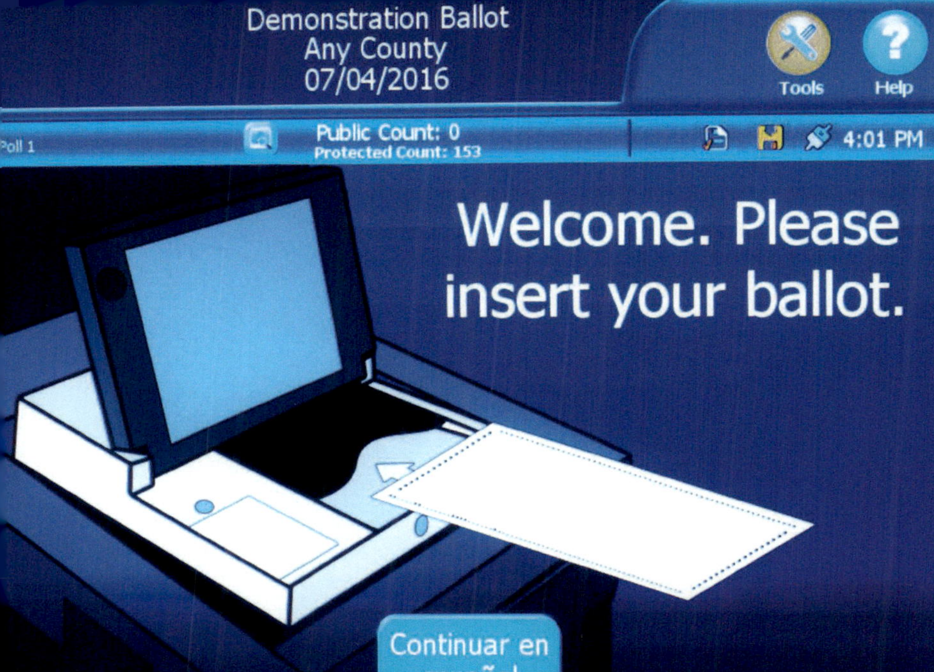
Demonstration Ballot
Any County
07/04/2016
Tools
Help
Poll 1
Public Count: 0
Protected Count: 153
4:01 PM
Welcome. Please insert your ballot.
Continuar en español

Convertirse en elector

Los electores de Estados Unidos deben ser ciudadanos que hayan cumplido 18 años de edad el día de las elecciones o antes. También, deben estar **registrados** para votar. Para registrarse en un estado, una persona debe haber vivido en ese estado por un tiempo determinado. El período de tiempo varía de un estado a otro.

VOTER
REGISTRATION
HERE

¿Cuándo votar?

La mayoría de la gente vota el día de las elecciones. Sin embargo, muchos estados permiten que algunas personas voten por anticipado.

La votación anticipada ayuda a que haya más participación. Incluso, se puede votar semanas antes de las elecciones. Las reglas de votación anticipada varían de un estado a otro.

POLLING PLACE
VOTE HERE
CENTRO DE VOTACIÓN
VOTE AQUÍ

Voto por correo

Todos los estados proporcionan papeletas a las personas que no pueden votar el día de las elecciones por no estar en el estado donde residen. Son las denominadas *papeletas de voto por correo*. A menudo, los ciudadanos estadounidenses que viven en otro país y aquellos que sirven en el ejército hacen uso del voto por correo. ¡Se puede votar incluso no estando ahí en persona!

Elecciones primarias

Antes de unas elecciones importantes, como las presidenciales, algunos estados tienen un tipo especial de elecciones llamadas *primarias,* en las que los electores eligen a una persona de cada **partido político** que será quien participe en las elecciones más amplias. En algunos estados, solo se puede votar en las primarias si se está afiliado a un partido político. Normalmente se vota de la misma manera que en otras elecciones.

Contar para conocer al ganador

Después de que los electores envíen sus papeletas de voto por correo o acudan a un lugar de votación, se cuentan los votos. Generalmente la persona que recibe la mayoría de los votos es la ganadora. De esta manera, los electores eligen a muchos de los que sirven en el Gobierno, como alcaldes, miembros del Congreso y **representantes** locales.

DEMOCRAT
MURIEL
FOR
MAYO
NOV.

La voz de los electores

Los electores no tienen que pagar para votar. La votación se hace en secreto. Aunque la mayoría de los ciudadanos mayores de 18 años tienen derecho a votar, algunas personas eligen no hacerlo. Nadie está obligado. Votar es importante porque permite a los ciudadanos ¡elegir a quienes hablarán por ellos en el Gobierno!

Glosario

beneficio: que produce resultados o efectos buenos o útiles.

ciudadano: persona que vive en un país y tiene los derechos que le otorgan las leyes de ese país.

cívico: relacionado con una ciudad o pueblo, o las personas que viven allí.

Constitución: las leyes básicas por las que se rige un país, estado o grupo.

enmienda: un cambio en las palabras o el significado de una ley o documento oficial, como una constitución.

oficial: que es reconocido por el Gobierno o alguien en el poder.

papeleta: papel en el que se emite el voto en unas elecciones.

partido político: grupo de personas con las mismas ideas sobre cómo se debe dirigir el Gobierno.

registrarse: poner tu nombre en una lista oficial.

representante: miembro de un cuerpo legislativo que actúa en nombre de los electores.

Índice

Sitios de Internet

Debido a que los enlaces de Internet cambian constantemente, PowerKids Press ha desarrollado una lista en línea de sitios de Internet relacionados con el tema de este libro que se actualiza regularmente. Utiliza este enlace para acceder a la lista: www.powerkidslinks.com/wvm/wiv